AF258188

LES MARINS PICARDS

CONTEMPORAINS

(Les Amiraux BONARD, LEJEUNE, COURBET, COURREJOLLES)

avec quatre portraits hors texte

PAR

Ch. LEMIRE

Résident Honoraire de France. — Correspondant du Ministère
Membre de l'Académie d'Amiens, de la Société d'Émulation du Ponthieu
et des Gens de Lettres.

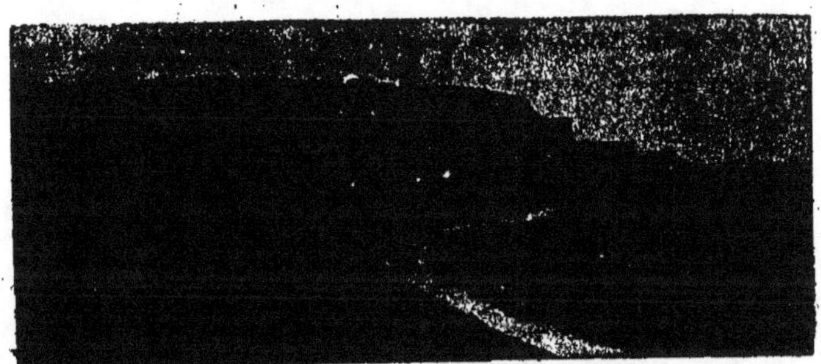

Cliché extrait du journal *Notre Picardie.*

—:- **Prix : 1 fr. 50** -:—

PARIS	AMIENS
A. CHALLAMEL, Éditeur	Librairie centrale POIRÉ-CHOQUET
17, Rue Jacob, 17	Rue de la République

ET DANS LES LIBRAIRIES DES PORTS

—

1908

LES MARINS PICARDS

CONTEMPORAINS

(Les Amiraux BONARD, LEJEUNE, COURBET, COURREJOLLES)

avec quatre portraits hors texte

PAR

Ch. LEMIRE

*Résident Honoraire de France. — Correspondant du Ministère
Membre de l'Académie d'Amiens, de la Société d'Émulation du Ponthieu
et des Gens de Lettres.*

Cliché extrait du journal *Notre Picardie.*

—:- **Prix : 1 fr. 50** -:—

PARIS

A. CHALLAMEL, Éditeur

17, Rue Jacob, 17

AMIENS

Librairie centrale POIRÉ-CHOQUET

Rue de la République

ET DANS LES LIBRAIRIES DES PORTS

—

1908

A LA MÉMOIRE

des Amiraux

Bonard, Lejeune, Courbet, Courrejolles

et des

MARINS PICARDS

NOTE DE L'ÉDITEUR

Le 27 mars 1907, sur l'initiative de la Société des Anciens Sous-Officiers (1), désireux d'affirmer la solidarité des armées de terre et de mer, M. Ch. Lemire, Résident honoraire de France, faisait à la Société Industrielle d'Amiens, au profit des familles des victimes et des blessés de l'*Iéna*, une conférence sur les Marins Picards, sous le haut patronage du Général Michel, Commandant le 2ᵉ Corps d'armée.

On ne pouvait mieux choisir le sujet de la conférence et le conférencier, lequel, pendant trente ans, a vécu côte à côte avec tant de compatriotes illustres.

Après avoir remercié comme il convenait les organisateurs de cette patriotique soirée et rappelé l'épouvantable catastrophe dont on connaît les péripéties émouvantes, M. Lemire est entré dans le vif de son sujet et a retracé à grands traits, bien choisis, la carrière des marins picards qu'il a vus et connus, soit en sa qualité de télégraphiste faisant partie de la mission envoyée en 1861 en Cochinchine sur la proposition du Gouverneur, l'amiral Bonard, soit plus tard en sa qualité de Résident. De là cette publication qui donne l'ensemble des portraits esquissés dans le récit.

(1) Mᵉ Bellemère, Président.

AVANT-PROPOS

Bien que sur son littoral ne s'ouvrent que de petits ports de pêche, la Picardie s'enorgueillit d'avoir toujours donné à la France des marins intrépides et habiles, des Amiraux qui ont laissé un nom illustre dans les fastes de la Marine, des Colonies et de l'Administration.

Et cependant, leur nom, si l'on en excepte celui de l'Amiral Courbet, d'universelle réputation, est resté presque ignoré, même dans la région.

A l'occasion de la catastrophe du Iéna, nous avons tenu à faire revivre ces nobles figures et à les représenter avec leur double caractère de marins et de Picards, dans divers épisodes de leur féconde carrière.

On nous a demandé de publier ces notes, si brèves qu'elles soient. Elles n'ont d'autre prétention que de rendre à tous ces marins, nos compatriotes, un respectueux et affectueux hommage, de mettre en relief quelques-uns de leurs hauts faits d'une part, et de montrer en même temps comment ces hommes de cœur, simples et bons, ont toujours fidèlement conservé le culte de la petite patrie, l'amour de leur pays d'origne ou d'adoption. Ils étaient pleins d'affabilité pour leurs compatriotes et les aidaient en toutes circonstances.

C'est donc un devoir civique et une dette de reconnaissance dont nous nous acquittons en consacrant ces modestes pages à entretenir et à honorer parmi nous la mémoire de ces marins qui ont illustré la France et la Picardie.

Les officiers et les équipages qui ont servi sous leurs ordres, les habitants des Colonies qu'ils ont administrées, les familles des marins de Picardie, les étrangers chez lesquels nos amiraux ont rempli des missions, les Français et particulièrement les Picards, trouveront dans ces notes biographiques sommaires des impressions et des exemples qui leur feront admirer et aimer ces vaillants hommes de mer, en conservant pieusement leur souvenir. Ces exemples susciteront dans notre pays des vocations maritimes et de dignes continuateurs de l'Œuvre accomplie par cette pléiade de marins picards.

Les Marins Picards

L'aspirant Legendre, de St-Valery, venait de disparaître dans le naufrage du *Monge* sur la côte de Cochinchine, au moment ou l'amiral Bonard y arrivait.

Casimir Lomier de St-Valery, lieutenant de vaisseau, meurt chez lui à 34 ans, en 1880, dans une épidémie, après onze ans de campagnes maritimes.

Le capitaine au long cours *Félix Chartrel*, du Crotoy, qui vient de mourir à 80 ans, habitait St-Valery depuis sa retraite (1880). Il a franchi 92 fois l'équateur. Il était l'un des derniers représentants de la vieille marine à voiles. Ses armateurs du Havre l'appréciaient fort.

Le capitaine de vaisseau *Lephay*, est né à Sallenelles en 1853. Il entra au *Borda* en 1870. Sa carrière fut celle d'un marin consommé et d'un savant couronné par l'Institut. Il se distingua dans la mission du cap Horn et à Madagascar. Il fut directeur de l'école de Marine En 1906, il commandait le cuirassé le *Saint-Louis*. Le 6 novembre, il succombait en 48 heures Les adieux suprêmes lui ont été adressés par le vice-amiral Touchard.

L'amiral *Albert Dompierre d'Hornoy*, petit neveu de Voltaire, est né en 1816; il est ancien élève du lycée d'Amiens, comme son fils Gaston Dompierre d'Hornoy, lieutenant de vaisseau, né en 1865. Il fut député et ministre de la marine. Lieutenant de vaisseau en 1846, et en croisière dans la mer des Antilles, il fut surpris par un ouragan qui détruisit la plupart des navires en rade de la Havane. La marine a gardé le souvenir du courage et du dévouement dont il fit preuve.

Gaston de Douville-Maillefeu, né en 1835, fut lieutenant de vaisseau comme son fils Louis de Douville-Maillefeu, né en 1868. Le père fut longtemps député. Le fils est conseiller général.

L'amiral *de Brétizel* est né à Flesselles.

Le lieutenant de vaisseau *de Puyraimond*, ancien élève du lycée, est membre de l'Académie d'Amiens où il a retracé les hauts faits du lieutenant de vaisseau Augustin Magdelaine, notre compatriote.

Magdelaine était enseigne quand il ramena des îles Tonga à Taïti un navire anglais en danger de perdition A cette occasion il reçut une épée d'honneur du gouvernement britannique. Il se distingua surtout lors du naufrage de l'aviso le *Duroc*. En 1863 il mourait à Amiens, à l'âge de 34 ans, épuisé par les fatigues de sa carrière. Son buste est au Musée.

L'Amiral Lejeune

En 1866, en revenant d'une exploration dans le Cambodge, je recevais à Saigon le plus cordial accueil du Commandant de la marine, le capitaine de vaisseau Lejeune, qui est né à Amiens, rue de Beauvais, en 1817.

Engagé comme novice dans la marine, Lejeune fut gabier de grand mât. Après avoir passé par la timonnerie, il obtint le grade d'enseigne auxiliaire et fut titularisé en 1846. C'est le seul amiral qui soit sorti des rangs.

Comme lieutenant de vaisseau, il fut détaché à l'état-major en Crimée et y devint un excellent cavalier. On connaît d'ailleurs le dicton qui eut son heure de célébrité sous le second Empire et qui n'était pas alors aussi paradoxal qu'il en a l'air : « Les officiers de marine sont toujours à cheval, les officiers d'infanterie souvent, les officiers de cavalerie jamais ».

Décoré à Taïti, blessé en Crimée, Lejeune était capitaine de frégate en 1854.

Sa campagne autour du monde a laissé des souvenirs populaires dans la marine. En Amérique, les matelots, saisis par la fièvre de l'or, étaient toujours consignés en rade, à bord des navires. Ils désertaient fréquemment; néanmoins Lejeune laissa les siens libres et n'en perdit aucun. Pour soutenir leur moral dans les longs hivernages, il leur faisait distribuer des instruments et apprendre la musique. C'est ainsi qu'il forma un orchestre et un orphéon qui firent la joie des escales étrangères. Il avait même adapté des paroles rimées aux

Contre-Amiral LEJEUNE

Commandant de la Marine en Cochinchine
Organisateur de la Marine Grecque

1817-1895

sonneries de clairons, pour en faire mieux saisir la signification aux novices. Et ces poésies pratiques défrayèrent joyeusement plus d'un de nos entretiens familiers.

Son équipage ramené à Brest, défila en musique, y compris un mouton enrubanné qui était le favori du bord.

Appelé en Cochinchine en 1864, il prit la responsabilité du lancement périlleux du grand dock flottant en fer qui avait coûté sept millions. C'est encore lui qui fit construire l'appontement du port de commerce de Saïgon, dénommé : la pointe Lejeune.

Il fut commandant des troupes de terre et de mer pendant une grave révolte qui avait éclaté en Cochinchine et au Cambodge. Il mit à profit l'anniversaire de la fête nationale pour frapper l'esprit des populations. Les troupes défilèrent solennellement à Saigon devant l'Amiral Gouverneur, en présence de la population indigène émerveillée par le spectacle inusité qui s'offrait à ses yeux. Lejeune, qui montait un superbe cheval, n'avait rien négligé de ce qui pouvait piquer la curiosité et faire oublier les préoccupations du moment.

Tambours et clairons avaient été dressés par ses soins. Un magnifique tambour-major ajoutait au brio du défilé. L'effet voulu fut produit.

« Où sont les masques étranges et les jolies danseuses du bal travesti improvisé à bord ? Elles nous avaient laissé le charme de l'illusion, car, sous leur loup de velours, on fut longtemps à reconnaître les aspirants de la division navale ! »

Rentré en France, pour remplir auprès de sa nièce devenue orpheline des devoirs de famille, Lejeune fut chargé de diriger l'école des torpilleurs à Boyardville.

En 1871, très vivement sollicité, il se laissa porter comme candidat à la députation, dans la Somme, en même temps que l'amiral de Dompierre d'Hornoy. Sa nomination de contre-amiral en fut quelque peu retardée.

Après sa promotion, il fut appelé par le roi de Grèce qui l'affectionnait, à réorganiser la marine grecque. A ce titre, il rendit de grands services à la Grèce et à la France et fut promu Grand officier de la Légion d'honneur.

L'amiral Lejeune mourait à Amiens en 1905, universellement regretté. Grand et fortement charpenté, il était adoré des « mathurins » qui l'appelaient familièrement : « l'amiral grands pieds » ou « l'amiral jabot » car il avait conservé les manchettes et les devants plissés d'autrefois, peut-être pour dissimuler un tatouage de gabier. La Picardie a perdu en sa personne un honnête homme au cœur généreux, un marin qui fut un habile manœuvrier et l'un de ses plus sympathiques enfants.

L'Amiral Courrejolles

Au moment où l'amiral Lejeune quittait à regret la Cochinchine, ne pouvant, à raison de mon service, lui faire mes adieux, j'obtins de l'officier de marine qui commandait le poste du Cap Saint-Jacques où je me trouvais, que l'amiral serait salué au passage par le canon du fortin et le pavillon. L'amiral, étonné d'abord, comprit tout de suite et fit répondre à ce salut qui unissait en pensée la Cochinchine à la Picardie.

Quelques jours après, un autre navire de guerre remontait la rivière de Saigon. Un canot du bord m'apporta un grand sac avec une carte de visite. Le sac était rempli de dattes, la carte signée : Courrejolles disait : « J'apprends que tu résides au pied de la montagne ; je t'envoie la manne de l'Egypte, et mes constantes amitiés ».

C'était en 1867, Courrejolles était enseigne de vaisseau sur *la Sarthe* qui faisait les transports entre Toulon et Saigon.

Intelligence d'élite, caractère plein d'aménité et de distinction, cœur excellent, lettré délicat, spirituel et galant, il était un fin causeur en même temps qu'un habile marin.

Pendant une épidémie de fièvre jaune, au Sénégal où il se trouvait avec le général Galliéni, il fit preuve de la plus grande abnégation et de la plus constante énergie.

A Cronstadt, sur *le Marengo*, il conquit les plus vives sympathies ; et son passage à la Direction du personnel de la marine laissa trace de son affable équité pour tous.

En 1883, Courrejolles faisait partie de l'escadre de l'amiral Courbet. En 1893, il commandait la division du Pacifique et séjournait en Nouvelle Calédonie. En 1899, chef de la division navale de Chine et du Japon, il eut la rude tâche de préparer les opérations contre les Boxers dans le Petchili. Il commandait à Takou et dirigea nos opérations contre Tien-tsin. Il eut toutes les responsabilités du début de la campagne, jusqu'à l'arrivée de l'amiral Pottier.

Affaibli par une longue maladie causée par d'incessantes campagnes sous des climats brûlants, il succombait le

Vice-Amiral COURREJOLLES

Commandant en Chef
Organisateur de Kouang-Tchéou-Wan

1842-1903

Notice éditée par Armand Colin — 1903.

29 mars 1903. Ses restent reposent au cimetière de la Madeleine dans le caveau de la famille de son beau frère, M. René Goblet.

Le vice-amiral Charles-Louis-Théobald Courrejolles était né à Vervins (Aisne), le 5 février 1842. La ville d'Amiens s'honorerait en donnant son nom, ainsi que celui de l'amiral Bonard, à l'une de ses rues.

L'amiral Courbet

L'amiral Amédée-Prosper-Anatole Courbet est né à Abbeville, le 26 juin 1827 et décédé à Makung (îles Pescadores), le 11 juin 1885.

Après les deux sièges de Paris, une circonstance fortuite, la mort d'un collègue, me fit confier une mission en Nouvelle Calédonie. Ma tâche était à peine terminée qu'une sanglante révolte éclatait. Elle fut réprimée par le gouverneur, l'amiral Olry, dont le successeur, en août 1880, fut le commandant Courbet. Pour la troisième fois je me trouvais sous les ordres d'un chef picard, m'honorant de son amitié.

Pendant la traversée à bord d'un paquebot anglais, Courbet fut blessé à la jambe, par suite d'un coup de roulis. Il n'admettait pas d'être immobilisé. Il exigea du chirurgien une guérison trop rapide ; sa plaie se rouvrit. Il lui fallut un peu plus de patience et l'excellent climat de Nouméa, pour se remettre assez promptement.

La Calédonie, que M. de Douville-Maillefeu appelait « le Nice français de l'Océanie, » fut pour Courbet un séjour de repos physique. Il y reprit des forces. Sa tâche était difficile. Il avait en mains l'administration civile et militaire et en outre l'administration pénitentiaire. La population des condamnés et des libérés lui donnait du fil à retordre. Il disait avec mélancolie : « je suis entre deux feux ; j'aimerais mieux celui du canon ». Plus tard, en Chine, il répétait la même chose, à propos de la diplomatie qui ne laissait point la parole à la poudre.

Il acheva la réorganisation de la colonie et eut à parer aux conséquences d'un cyclone désastreux. Son impartiale équité, sa droiture et sa bonté, la correction et l'affabilité de son attitude lui conquirent la respectueuse sympathie de ses administrés.

Il avait été promu contre-amiral le 18 août 1880 ; et j'avais eu l'heureuse fortune de lui remettre le télégramme qui contenait sa nomination et de l'en féliciter.

Rentré en France en 1882, il succéda à l'amiral Lejeune dans la direction de l'école des torpilles de Boyardville. On venait de créer pour lui une escadre d'essais, lorsque la mort du commandant Rivière, tué à l'ennemi, au Tonkin, le 19 mai 1883, et les évènements qui s'en suivirent nécessitèrent l'envoi de cette escadre en Extrême-Orient.

Trois mois après, son frère, M. Courbet-Poulard, ancien maire et conseiller général d'Abbeville, député de la Somme, déjà fort malade, me faisait appeler à son lit de mort et me tendait, sans pouvoir parler, le télégramme annonçant que l'amiral Courbet s'était rendu maître de Hué.

C'était son premier succès. Il devait être suivi d'une amère déception, faute d'esprit de suite, de la part du gouvernement d'alors dans notre politique coloniale. Le mal datait de longtemps et venait du Parlement plus que de l'exécutif.

En 1873, Francis Garnier prend la citadelle d'Hanoï. Il est tué, et on la rend. Plus tard, Rivière reprend la même citadelle. il est tué et on la rend. Courbet en fait enfin son point d'appui pour réduire Sontay et nous assurer la possession du Tonkin. Il défend les approches de sa conquête du côté Nord en rendant imprenables les Pescadores, qui sont la clef de la position ; et il reçoit l'ordre de les rendre à l'ennemi

Il m'écrivait à ce sujet avec amertune : « Rien ne pourra me consoler de cet abandon qui est une grande faute ».

Là fut certainement l'une des causes qui hâtèrent la mort de notre vaillant compatriote.

A Sontay, où la résistance fut si archarnée et si sanglante, l'amiral Courbet souffrant dut se faire porter en chaise aux avant-postes, devant les formidables retranchements ennemis. Il les inspecte minutieusement. Sous ses yeux sont entassés les cadavres mutilés de nos soldats. Enfin, il commande le dernier assaut. Les lignes fortifiées sont enlevées et dans le réduit de la citadelle où se trouve une haute tour d'observation, nos hommes déchirent les couleurs de trois pavillons chinois et annamites et en font un drapeau tricolore qu'ils arborent aussitôt.

« Jamais drapeau, dit Courbet dans son rapport, n'a fait battre plus vivement le cœur d'un français ! »

Le 10 juin 1886, la mort dans l'âme, mais énergique jusqu'au bout, nonobstant un corps défaillant, il dirigeait encore en personne l'évacuation des Pescadores. Le lendemain il rendait le dernier soupir à bord du Bayard.

Un autre marin, l'académicien Julien Viaud, plus connu sous le nom de Pierre Loti, a retracé en des pages inoubliables l'explosion des regrets causés par ce deuil national.

L'Amiral Bonard

L'amiral *Louis-Adolphe Bonard*, né à Cherbourg le 27 mars 1805, est décédé le 31 mars 1867 à Amiens, où il avait épousé en 1848 Mademoiselle Léonie Jacquey de la Vallée dont il eut deux enfants.

A l'âge de 24 ans, il était aspirant de 1re classe et second du commandant Bruat, sur *le Silène* qui faisait partie de l'expédi- d'Alger. Une violente tempête jeta le navire à la côte en même temps que l'*Aventure*. Faits prisonniers par les Arabes, les 109 marins qui échappèrent à la décapitation furent accablés de mauvais traitements et parqués dans un étroit réduit où, dit Bonard, « on ne pouvait se tenir autrement qu'en Z, encastrés les uns dans les autres. Il fallait s'entendre pour changer de côté ; aussi quand quelqu'un se sentait par trop fatigué de sa position, à un commandement, nous nous retournions comme une omelette. »

On voit le tableau. Ils ne cessaient d'être torturés par les Arabes que pour être dévorés par la vermine indigène non moins altérée de sang.

A la sollicitation des consuls européens, le Dey d'Alger qui se sentait déjà menacé (15 mai 1830) donna l'ordre d'arracher les captifs aux Bédouins et de les interner au bagne.

Ils furent donc conduits à Alger, attachés par le poignet à la selle d'un cavalier, et bâtonnés quand ils se laissaient traîner sans pouvoir suivre ses allures trop rapides.

« Tu ne vas pas, les chevaux vont bien ! » disaient ces brutes.

On devine quelles cruelles épreuves leur étaient réservées dans les horribles casemates algériennes. Le consul de Sardaigne avait obtenu à force d'insistance que les officiers, MM. Bruat, d'Assigny et Bonard pussent être soustraits à cet entassement infect et soumis au régime des prisonniers sur parole. Il leur offrait l'hospitalité chez lui. Ces vaillants chefs refusèrent, pour rester à leur poste au milieu de leurs hommes.

Quelques jours plus tard, l'arrivée d'un brick anglais à Alger permit de combiner une évasion partielle. Bonard séduit s'en ouvrit à son commandant.

— Partez si vous voulez, répondit Bruat ; comme nous ne pouvons pas tous échapper, moi je reste.

Bonard comprit la leçon et resta.

Le Dey d'Alger avait-il eu vent de quelque chose ? Savait-il que Bruat avait eu l'audace de faire parvenir à l'amiral Duperré qui commandait le blocus d'Alger une étude sur la situation de la place ? Toujours est-il que les prisonniers furent tous mis aux fers. L'opération fut si cruellement exécutée que plusieurs en portèrent les traces toute leur vie.

« Les premiers, dit Bonard, qui sortirent à l'appel des forgerons, ne sachant pourquoi on les demandait, furent mariés deux à deux, bon gré mal gré, comme ils se présentèrent. Mais aussitôt que l'on vit de quoi il s'agissait, chacun choisit son compagnon, et s'en alla comme devant l'autel, en se tenant par la main, se mettre à la disposition de ceux qui étaient chargés de la cérémonie ».

Les commandants Bruat et d'Assigny, dont le premier était aussi vif et remuant que le second était calme et paisible, furent pour leur malheur réciproque enchaînés l'un à l'autre. Jamais d'Assigny, qui avait trouvé le moyen de se procurer des livres et d'étudier l'arabe, ne se fâchait. Il se bornait à dire : « Bruat comme vous êtes vif ! Prévenez-moi donc quand vous voulez vous élancer. Vous me brisez les jambes ! »

Quant à Bonard, il eut pour compagnon de chaîne un matelot qui mourut des suites des privations et des souffrances de toutes sortes endurées dans ce bagne. Le futur amiral a laissé une idée du régime auquel ces malheureux étaient assujettis :

Ils étaient enfermés dans une ancienne chapelle chrétienne, aux murailles épaisses. Les fenêtres avaient été murées L'air ne pouvait se renouveler que par les fentes de la porte On juge ce que devint l'atmosphère déjà infecte, quand la dysenterie se mit parmi ces infortunés Pour ne pas être asphyxiés, ils durent se plier à un règlement sévère qui permettait à chacun de venir à son tour respirer un peu d'air auprès de la porte. Ils furent plus éprouvés encore, quand on les fit changer de local. On les fit coucher, serrés les uns contre les autres dans une étroite écurie au sol incliné. Par un cruel hasard les dysentériques avaient été placés dans la partie la plus élevée ;

de là une épouvantable saleté. « Nous étions la paille vivante de ce nouveau fumier », dit Bonard.

La prise d'Alger (5 juillet 1830) mit fin à ces tortures. Il était temps. Si aucun des 109 prisonniers ne succomba aux suites de tant de souffrances accumulées depuis sept semaines, ils le durent bien certainement à l'énergie morale dont les chefs avaient donné l'exemple et à la rude discipline, plus étroite encore qu'à bord, quoique sans sanction possible, que les matelots avaient eu l'intelligence d'accepter spontanément.

Bonard était promu Enseigne le 19 octobre 1830.

En 1844 nous le retrouvons sous les ordres de son ami et camarade d'épreuves, Bruat, capitaine de corvette à Taïti. « Après l'enfer le paradis » dit-il lui-même. Il est blessé au siège de Faua, et a les honneurs de la journée avec la prise du pic de Fatahua qui met fin à l'insurrection et au sujet de laquelle l'amiral Jurien de la Gravière écrivait il y a trente ans :

« Ce vieux souvenir français parle-t-il encore au cœur de nos jeunes officiers ? Quelqu'un a-t-il pris soin de graver dans leur vive et complaisante mémoire les noms jadis fameux du commandant Bonard, du capitaine Massé et du second maître Bernaud ? »

Six mois après, le 12 juillet 1847, Bonard était promu capitaine de vaisseau et nommé commandant de la division navale du Pacifique.

Le 16 juin 1852, il était nommé Gouverneur de la Guyane et quittait « le paradis » pour un autre enfer, ou tout au moins pour le purgatoire ; car la Guyane ne saurait être comparée au bagne d'Alger. Il n'y resta que 18 mois. Atteint de la fièvre jaune, il fut embarqué d'office pendant un accès de délire et ramené en France, nonobstant ses énergiques protestations.

En 1855 il était nommé Contre-amiral et major général de la flotte à Cherbourg. En 1861, il était envoyé, sur sa demande, comme Gouverneur en Cochinchine Après une vigoureuse campagne de quatre mois il contraignait l'empereur d'Annam Tu-Duc à signer la paix le 5 juin 1862 et s'occupait d'organiser les trois nouvelles provinces conquises. C'est ainsi qu'il faisait allumer un phare, le premier de l'Extrême-Orient, sur le cap Saint-Jacques, là où le Camoëns se sauva jadis à la nage, ses Lusiades à la main. Il couvrait le pays de routes et de lignes télégraphiques et construisait le premier hôpital.

Le 25 juillet 1862 il recevait le brevet de Vice-amiral. En

février 1863 il se rendait avec le plénipotentiaire espagnol, notre allié, auprès de l'empereur Tu-Duc qui fomentait la révolte et le forçait à signer la paix, cette fois dans sa propre capitale, Huê.

Il a raconté lui-même l'entrée solennelle qu'il fit à cette occasion, afin de frapper les imaginations orientales qui ne respectent que l'appareil de la force.

Devant faire la route par terre, le 5 avril, il débarquait à Tourane, entouré d'une escorte militaire fastueuse. Le traité était porté en grande pompe sur une estrade écarlate et placé sur l'autel des pagodes dans lesquelles on s'arrêtait successivement,

Le 10 avril, il entrait à Huê au milieu d'une nombreuse escorte échelonnée sur tout le passage. Les ministres de Tu-Duc étaient venus le recevoir à une grande distance de la ville.

L'audience impériale solennelle pour la remise définitive du traité eut lieu le 18 avril L'amiral la décrit ainsi :

« Le luxe oriental dans toute sa splendeur avait été déployé par la cour d'Annam. Plus de 20 000 hommes étaient échelonnés sur notre passage. Les éléphants, même ceux du roi, caparaçonnés avaient un aspect monumental.

« Devant S. M. l'empereur Tu-Duc nous avons été dispensés des salutations profondes qui ne sont pas dans nos mœurs et nous avons conservé nos épées.

« Le roi, entouré de princes des diverses dynasties, qui ne sont pas moins de cent cinquante ou deux cents, nous reçut devant une table d'or ».

Bonard prononça un discours que le chef de ses interprètes, Aubaret, capitaine de frégate, répéta en le traduisant en chinois. Tu-Duc fit lire sa réponse et chargea l'amiral « de remettre lui-même à S. M l'empereur des Français une lettre en vers écrite en entier de sa main. »

L'amiral Bonard avait ainsi accompli sa tâche en Cochinchine. Il revint en France pour se reposer, après vingt huit ans de service à la mer, et fut nommé Préfet maritime à Rochefort. Mais sa santé ébranlée par tant de fatigues exigeait bientôt une retraite complète.

En proie à une surexcitation cérébrale persistante, il s'éteignait dans sa famille, à Amiens, le 31 mars 1867. Il repose au cimetière de la Madeleine, où une colonne funéraire rappelle ses hauts faits.

Il était membre du Conseil de l'Amirauté, Grand officier de la Légion d'Honneur, Grand'croix d'Isabelle la Catholique, commandeur de Saint-Grégoire, chevalier de 2ᵉ classe de Saint-Stanislas.

Hardi marin, administrateur habile, causeur malicieux, il témoignait à son fils et à sa fille une vive affection. Il leur recommande surtout, dans sa correspondance que nous avons eue entre les mains, la bonté et la charité. Il leur conseille de se priver de quelque chose pour rendre l'aumône méritoire et de pratiquer autour d'eux la bienfaisance.

Sa reconnaissance pour le P. Lacordaire, son ancien condisciple et les autres Pères de Sorèze qui s'occupent de son fils, et pour les dames de Saint-Denis qui veillent sur sa fille est très vive.

Comme beaucoup de marins de sa génération, il était affilié à la Franc-Maçonnerie, ce qui ne l'empêcha pas de rendre justice à nos missionnaires et aux vaillantes filles de Saint-Vincent-de-Paul dont il eut si souvent l'occasion d'admirer le dévouement. Dans un voyage qu'il fit à Rome, il tint à solliciter une audience de Pie IX, sur la recommandation de son ami le vicaire apostolique de Taïti.

L'amiral Bonard était de haute taille et d'apparence athlétique. Mais sa tenue était négligée. En dépit des plus brillants uniformes, il n'avait jamais l'air d'être en toilette, ce qui donnait lieu à des railleries auxquelles sa bonhomie restait indifférente.

« A Saigon, chaque soir avant sa promenade, seul avec son chien hirsute, il passait devant nos bureaux, s'enquérant familièrement de nos travaux et les encourageant. J'avais traduit pour lui le plan de colonisation du général Van den Bosch à Java. A ses réceptions hebdomadaires il nous accueillait toujours avec bonté, nous parlant du pays, évoquant les nombreux souvenirs de ses laborieuses campagnes ».

A cette époque, l'entente cordiale avec l'Angleterre était encore loin ; et il aimait à raconter les bons tours joués aux Anglais :

Un jour, en Océanie, un amiral anglais avait invité à son bord les officiers français, à un dîner où le champagne avait quelque peu fait bourlinguer les têtes. Bonard résolut de se venger. Le surlendemain il rend la politesse à l'état-major anglais, et pendant tout le repas les excite à lui tenir tête. La mode voulait à cette époque qu'on s'entourât le cou de ces immenses cravates plusieurs fois enroulées, dans lesquelles le menton disparaissait à moitié, et dont la tradition a été long-temps conservée à Amiens par l'honorable M. Adéodat Lefèvre.

Bonard fit de la sienne un entonnoir, dans lequel disparaissaient les vins capiteux prodigués dans les verres. L'opération, que la température rendait d'ailleurs agréable, dut être désastreuse pour le linge de l'amiral ; mais elle le fut encore plus pour la dignité anglaise A la gaieté la plus exubérante succéda bientôt la torpeur et tout ce qui s'en suit. On dut empiler dans deux canots les brillants officiers et les retourner à leur bord dans un état bien cruel pour la raideur britannique.

« Je ne me suis jamais battu qu'une fois avec les Anglais, disait Bonard ; ce fut le verre en main, mais j'avoue que ce ne fut pas à leur honneur ».

Le Normand, *le vrai*, avait encore une fois battu l'Angleterre.

Le Capitaine de Vaisseau Degouy

Parmi les marins vivants dont s'honore la Picardie, nous ne saurions passer sous silence le Capitaine de vaisseau Degouy, d'Abbeville, qui, étant lieutenant de vaisseau paya de sa liberté, ainsi que son collègue M. Delguey-Malavas (1), les services rendus à la France en relevant en barque les côtes d'Allemagne.

Arrêtés à Kiel, les deux officiers furent, comme on sait, condamnés à plusieurs années de forteresse et écroués à Gratz en Silésie.

M. Marty, correspondant de *la Patrie*, obtint la faveur de leur rendre visite, et voici le tableau qu'il traça de ce séjour peu enchanteur :

« Dans un coin une caisse d'oranges et de dattes venue de *Bône* ; à la fenêtre qui donne sur l'escarpement, transformée elle même en garde-manger, un cervelas de *Toulouse*. Un couple de perdrix rouges, espèce inconnue en ce pays, causa beaucoup d'étonnement aux indigènes.

L'envoi de Toulouse nous fait constater avec regret l'absence d'un pâté de canard d'*Amiens*.

Chaque casemate assez spacieuse est cintrée en voûte, mais peu claire.

Le mobilier ? quelques chaises, un poêle en faïence qui donne

(1) Aujourd'hui capitaine de frégate.

Vice-Amiral COURBET

Commandant en Chef
Gouverneur de la Nouvelle-Calédonie

1827-1885

une chaleur plutôt trop intense, un lit de camp, une table, une commode et une petite étagère pour mettre des livres, que les prisonniers ont eux-mêmes construite.

Leur ordinaire ? café avec pain à 7 heures du matin ; à midi, potage, plat de viandes et légumes ; à 7 heures du soir un autre plat.

Les promenades dans la cour sont autorisées pendant deux heures le matin et trois heures l'après-midi ; à 9 heures, couvre-feu.

M. Delguey-Malavas s'occupe d'électricité et de géométrie ; M. Degouy écrit un roman sur Taïti : *Gabriel et Pooté* ».

Après l'assassinat du Président Carnot, en juin 1894, l'Empereur Guillaume II, mû par un sentiment de haute courtoisie, grâcia les deux officiers français qui avaient déjà payé de neuf mois de prison leur dévouement à la France.

Le 13 février 1895, la Société amicale des *Francs Picards* de Paris offrait un punch d'honneur au lieutenant de vaisseau Robert Degouy. L'ancien député d'Abbeville, M. Albert Carette, alors Président de cette Société, lui souhaitait la bienvenue et retraçait sa carrière déjà brillante à plus d'un titre.

Né à Toulouse d'un père et d'ancêtres Abbevillois, M. Robert Degouy entrait en 1870 à l'Ecole Navale et ne tardait pas à se distinguer. Ses travaux sur les opérations combinées des armées de terre et de mer valurent au jeune officier une médaille d'or du Ministère, puis sa nomination comme professeur à l'Ecole Supérieure de Guerre.

A ce titre, il fit des conférences très remarquées pour lesquelles l'Institut lui décerna un prix de 2,000 francs. Notons en passant sa belle conférence sur l'amiral Courbet, au théâtre d'Abbeville ; car les Degouy (un frère est capitaine du génie, un autre publiciste) n'ont jamais oublié leur pays d'origine et reviennent souvent en Picardie.

Le 25 août 1893, les lieutenants Degouy et Delguey-Malavas étaient arrêtés dans le port de Kiel à bord du yacht *Insect*, sur la dénonciation d'un homme d'équipage qui prétendait leur avoir vu prendre des photographies des points fortifiés des côtes allemandes.

Ayant été traduits devant la Haute Cour de Leipzick et condamnés : le lieutenant Degouy à six ans et le lieutenant Delguey à quatre ans de forteresse, avons-nous dit, les officiers allemands de la Haute Cour n'hésitèrent pas, après cette dure sentence, à tendre la main aux deux officiers français.

On sait la suite ; et M. Albert Carette terminait son speech en buvant à la santé du lieutenant de vaisseau Robert Degouy et de sa jeune femme qui put le visiter pendant sa captivité.

Procès-verbal de cette séance du 13 février 1895 était transmis à M. Degouy père à Toulouse.

Quelques semaines plus tard, le 6 mars 1895, la même Société des *Francs Picards* de Paris offrait, chez Marguery, un banquet à notre vaillant compatriote. L'*Annuaire des Francs Picards* pour 1896 mentionne ainsi la réponse de M. Robert Degouy au toast de M. Albert Carette :

« Dans un langage simple, familier, qui n'en avait que plus de prix, M. Robert Degouy après avoir remercié ses compatriotes de leur chaleureux accueil, a raconté quelques épisodes de son passage dans les prisons allemandes et de ses nombreuses promenades maritimes. Il rappelle un petit incident gastronomique de sa traversée lorsqu'il se rendit à Panama. Par suite de l'indélicatesse de son cuisinier, qui se grisa au lieu de procurer en temps et lieu les provisions nécessaires, les passagers durent se nourrir pendant quinze jours de *fayots* et de lentilles : c'est ce qu'il appelle gaiement « doubler le cap Fayot ». Il termine par un grand éloge de l'amiral Courbet. Il porte un toast à sa glorieuse mémoire et à la grande patrie française ».

Pierre Lefort

fut médecin en chef de la marine. Il est né en 1767, à Mers, qui lui a élevé un monument sur la grande place.

Il était sur l'*Indomptable* le 1er juin 1794, à la bataille de Trafalgar, aux côtés du *Vengeur* dont l'équipage se fit sauter au cri de Vive la République ! Pierre Lefort fut fait prisonnier. En Angleterre, il se fit tout de suite remarquer par sa connaissance de la langue anglaise et fut nommé inspecteur des pontons. De la sorte il put encore mettre son dévouement au service de ses compatriotes. Il fonda pour eux, de ses deniers, une école modèle (1).

Pendant sa captivité, il fit la conquête d'une charmante anglaise du Bedfordshire qu'il épousa. Il est mort en 1843 à Amiens, où il fut enterré avec sa femme.

(1) Voir Guide-Album d'excursions autour de Mers, Tréport, Eu, avec 2 cartes et 14 photographies 1907. 1 fr. 20. — Même auteur.

Vice-Amiral BONARD

Commandant en Chef

Gouverneur de la Guyane, de Tahiti, de la Cochinchine

1805-1867

Avec tous nos compatriotes, nous avons conclu que puisque c'était une bonne et patriotique pensée de rappeler les officiers de marine qui ont été depuis cinquante ans la gloire de la France et de notre Picardie dans les régions coloniales, il était utile de signaler aussi, quoiqu'ils remontent à une époque plus éloignée, d'autres personnalités maritimes dont la mémoire mérite non moins d'être conservée.

Le Capitaine de vaisseau Lejoille

Lejoille (Louis-Nicolas), l'un des plus intrépides officiers de la marine française, est né à Saint-Valery le 11 novembre 1759.

Il fut embarqué dès l'âge de 7 ans sur un navire marchand. Puis, ayant fait ses études au collège d'Abbeville et après à Amiens, il embarqua en 1772 avec son père, alla en Espagne, en Afrique, en Italie, navigant tantôt pour le courrier tantôt pour la marine royale. Plus tard, en 1793, il commanda en second *Le Tonnant*; il fut nommé capitaine après la capture du vaisseau anglais le *Berwick*.

Il se signala à bord du *Généreux*, l'un des deux seuls vaisseaux échappés au désastre d'Aboukir. Ses actions d'éclat sont rapportées par M. Louandre dans sa biographie d'Abbeville. Lejoille mourut le 10 Avril 1800, à 39 ans, emporté par un boulet près du port de Brindisi, sur les côtes du royaume de Naples.

Le contre-amiral Perrée

Le contre-amiral Perrée Jean-Baptiste-Emmanuel est né à Saint-Valery le 19 décembre 1761.

Embarqué dès l'âge de 12 ans dans la marine marchande, il parvint au grade de capitaine au long cours ; puis, en 1793, il fut nommé lieutenant de vaisseau dans la marine militaire. Commandant la frégate *Proserpine*, il captura 63 bâtiments. Capitaine de vaisseau en 1794 il commanda la *Minerve* ; il alla détruire les établissements anglais à la côte d'Afrique ; il s'y empara de 54 bâtiments richement chargés En 1798, il fit partie de l'expédition d'Egypte comme chef de division, sous les ordres de l'amiral Brueys ; après la bataille d'Aboukir, il parcourut le Nil et eut de nombreux engagements avec les bâtiments de guerre turcs ; il y fut blessé. Il reçut à la suite de cette campagne une épée d'honneur des mains du général Bonaparte. Cette épée est conservée, au Musée d'Abbeville.

En 1799, il fut nommé Contre-amiral. Il se signala sur *le Généreux* en attaquant *le Foudroyant* monté par Nelson. Il fut blessé à l'œil, mais ne quitta pas son banc de quart. Malheureusement il eut la cuisse emportée par un boulet. Il mourut, des suites de ses blessures, sur la place même où son illustre compatriote Lejoille avait rendu le dernier soupir, près de Brindisi. Son corps fut inhumé à Syracuse le 21 février 1800.

Son épée a été donnée au Musée d'Abbeville par le capitaine de frégate Pierre-François-Louis Perrée, son parent, également de Saint-Valery-sur-Somme. Amiens a donné son nom à une de ses rues.

Le Capitaine de vaisseau de Caïeu

Parmi les officiers de la marine Picarde il faut citer encore Ferdinand de Caïeu qui prit sa retraite comme capitaine de vaisseau, avant l'âge, au moment où la navigation à vapeur exigeait des connaissances tout à fait nouvelles. Il était commandeur de la Légion d'Honneur, chevalier de Saint-Louis et de l'Ordre d'Isabelle la Catholique. Il a laissé des souvenirs durables à Brest ainsi qu'à Abbeville.

Il y a quelques années encore, les marins de Saint-Valery et surtout ceux du Crotoy, qui l'avaient connu, parlaient souvent de lui, car il s'intéressait vivement à eux et les protégeait. Comme Pierre Lefort, comme l'amiral Lejeune, il rendait de nombreux services aux jeunes gens du pays dans leur carrière maritime. Lors de sa retraite il avait été nommé commandant d'équipage de la ligne.

En 1867, il est mort à Brest où il s'était retiré.

Le Capitaine de Frégate Prosper Ravin

Le capitaine de frégate Prosper Ravin est né à Saint-Valery en 1765.

Il était enseigne de vaisseau le 19 mars 1794, lorsqu'il fut chargé de commander l'*Expériment* qu'il venait de prendre aux Anglais. Malheureusement, rapporte son fils, le docteur Prosper Ravin, il avait été grièvement blessé en amarinant ce navire qui coulait bas. Cerné aussitôt par quatre frégates anglaises, il était fait prisonnier après deux heures de combat, l'équipage ayant amené les huniers sans ordre.

Rentré en France en 1795, il fut promu capitaine de frégate en 1799. Il prenait sa retraite en 1803 à Saint-Valery, où il devint juge au Tribunal de Commerce.

Pierre-Antoine-Toussaint Demay

Le lieutenant de vaisseau Pierre Demay est né en 1762 à Saint-Valery, où il décédait en 1836. De la marine de commerc, il passa dans la marine militaire. C'est ainsi que pendant la première expédition d'Egypte il commandait le brick l'*Alerte*.

En 1802, il fut chargé comme commandant de la corvette *le Furet* d'exiger du Dey d'Alger réparation pour insultes à notre consul.

L'usage voulait alors, dit le docteur Prosper Ravin, dans ses intéressantes notices sur les marins de Saint-Valery, que les personnes qui se présentaient devant le Dey entrassent pieds nus dans ses appartements. Demay, dont les pieds étaient gonflés par la chaleur, fut obligé de couper ses bottes pour se déchausser dans l'antichambre de Sa Hautesse. Dans ces conditions la première entrevue devait manquer de cordialité. Il y eut échange de menaces, après quoi le Dey d'Alger fit ramener à son bord, par ses janissaires, l'audacieux officier qui lui tenait tête.

Le lendemain, le Dey qui avait réfléchi fut plus maniable, et consentit à délivrer notre consul des arrêts forcés où il le tenait depuis plusieurs semaines.

Peu de temps aprés, Demay rentré à Toulon, reçut l'ordre de repartir avec le Contre-amiral Leissègues chargé d'exiger la livraison du marin algérien qui avait fait bâtonner un capitaine français. *Le Furet* était accompagné cette fois de deux vaisseaux et de deux frégates.

Le Dey convaincu par ces arguments reçut la mission française d'une façon charmante et toléra les bottes.

Après avoir élevé quelques objections, pour « sauver la face » comme disent les Chinois, il consentit à livrer le coupable, qu'on lui rendait d'ailleurs généreusement quelques heures plus tard.

Apercevant Demay, parmi les officiers du cortège gracieusement invités à prendre des rafraîchissements, le Dey s'écria :

— « Ah ! ah ! te voici. Encore toi ! je te reconnais ! »

— « Oui, riposta Demay qui avait une revanche à prendre.

Tu disais tout à l'heure que tu avais toujours été l'ami de Bonaparte ; cependant la première fois que je suis venu, tu ne m'as pas du tout parlé avec politesse. Tu m'as forcé de couper mes bottes dans ton antichambre et tu ne m'as pas offert de quoi me rafraîchir. Tu m'as même fait des menaces ; tu m'as dit que si je ne partais pas tu me jetterais en prison avec le consul de France... »

Demay qui en avait gros sur le cœur aurait parlé longtemps de la sorte, si le Dey rappelé à la civilité par la présence de l'escadre française ne s'était hâté de l'interrompre en riant et en lui faisant constater que les jours se suivent et ne se ressemblent pas. Parmi les personnages qui assistaient à cette audience mémorable, ce n'est pas, comme bien on pense, le chef des pirates algériens qui rit le plus franchement de cette remarque que Demay avait le droit d'estimer d'une philosophie plus amère que consolante.

Le Capitaine de Vaisseau Alexandre Lambert

Alexandre Lambert, né à Saint-Valery-sur-Somme le 26 janvier 1768, était fils d'un capitaine au long cours. Embarqué à 14 ans, il était capitaine à 22. Passé à 25 ans dans la marine militaire, il été nommé lieutenant de vaisseau huit ans après, et capitaine de frégate à 34 ans Chargé du plan des sondes à l'embouchure de la Seine, il fut un des premiers officiers de marine que Bonaparte, devenu empereur, décora de la Légion d'honneur Il dirigeait la Commission préposée à l'achat et à l'armement des bâtiments destinés à effectuer la descente en Angleterre, lorsqu'à la fin de 1805, le ministre de la marine Decrès l'envoya sous les ordres du capitaine de vaisseau Le Duc croiser dans la Mer Glaciale, afin d'y détruire les baleiniers anglais et de reconnaître le Spitzberg.

La campagne fit grand tort au commerce anglais ; mais elle fut très dure. En 1808, Alexandre Lambert était promu capitaine de vaisseau. En 1809 il prenait le commandement de la division de l'Adriatique, et décédait quelques mois après, à peine âgé de 42 ans. Il fut inhumé à Corfou, où le général Bonzelot, Gouverneur de l'île, prononça son éloge. Il rappela que Lambert avait toujours été adoré de ses équipages. Le docteur Prosper Ravin ajoute que notre compatriote donna plusieurs fois des preuves d'un désintéressement remarquable. C'est ainsi qu'à un moment où les finances de l'Etat étaient fort obérées, Lambert qui avait reçu beaucoup de marchandises pour sa part des prises faites dans le Nord, les fit déposer dans les magasins de la marine pour qu'elles y fussent vendues au profit de la Nation.

Le souvenir de cette âme antique méritait, n'est-il point vrai, d'être conservé ?

L'Aspirant de Marine Valery Demay

Jean-François-Valery Demay est né à Saint-Valery le 22 janvier 1793. Il a été enterré à Cette le 31 mai 1833. Aspirant de marine à 18 ans, il obtenait le commandement d'une canonnière. En 1813, par une manœuvre aussi hardie que froidement exécutée, il surprenait et détruisait un bâtiment russe armé de plusieurs pièces de canon et monté par quarante hommes d'équipage. Il avait accompli ce bel exploit avec l'aide de quatre hommes seulement et sans répandre une goutte de sang. Licencié par la Restauration, sans avoir obtenu la décoration pour laquelle il était proposé, il navigua pour le commerce, comme capitaine au long cours, donnant toujours l'exemple du courage et du dévouement. C'est ainsi qu'au péril de sa vie, en plein hiver, il repêchait un matelot tombé à l'eau dans le port du Hâvre. Peu après, en pleine tempête, devant le port de Cette, il se jetait à la nage pour sauver l'équipage d'un navire en perdition et était assez heureux pour ramener quatre hommes ; après quoi, il s'affaissait épuisé, sur le rivage Sa santé, moins forte que son énergie, devait se ressentir des épreuves multipliées qu'il lui infligeait, et il mourait à peine âgé de 40 ans.

Le Capitaine Jacques Parmentier

Le capitaine Jacques Parmentier est né à Saint-Valery le 13 décembre 1778. D'abord matelot de commerce, il fut pris en 1793 par les Anglais, comme il revenait d'Amérique, et passa trois ans sur les pontons. En 1802, embarqué comme second sur *le Pierrier*, navire de 300 tonneaux qui partait de Saint-Valery pour Marseille et qui fut assailli par une violente tempête dans le golfe de Lion, il fut chargé par son capitaine blessé pendant la manœuvre d'assurer le sauvetage de l'équipage dans une chaloupe. « Ce qu'il y avait de plus précieux appartenant au capitaine et aux matelots, se trouva dans l'embarcation, dit le docteur Prosper Ravin, il n'y manquait que ce qui appartenait à Parmentier. » Il n'avait eu que le temps de s'occuper des autres.

Quelques mois après, Parmentier passait sur la flotte de Boulogne comme enseigne de vaisseau. Chargé du service de la défense contre les brûlots anglais, il n'hésitait pas un jour, après en avoir poussé un à terre, à sauter à l'eau et à le percer de trous de vrille, afin de noyer les poudres. Il était temps; car on constata que le ressort qui devait déterminer l'explosion était tout près de se détendre.

Promu lieutenant de vaisseau en 1807, il était décoré de la Légion d'honneur en 1809 pour avoir assuré le passage du Danube par l'armée à la veille de la bataille de Wagram.

En 1810, on le retrouve en Espagne, où il ne cesse de se distinguer par sa bravoure et sa présence d'esprit. En 1812 il était tué à Carmona, à la tête de ses marins, pendant une sortie. Il fut inhumé dans l'église d'Alcala-la-Réal, près de Séville. Il n'avait pas 35 ans. La nouvelle de sa promotion au grade de capitaine de frégate arrivait trop tard de Paris.

Le Lieutenant de Vaisseau Chatelain

Magloire-Benjamin Chatelain naquit à Saint-Valery le 27 décembre 1778. Comme son compatriote et son compagnon d'armes Parmentier, il fit les campagnes d'Allemagne, de Portugal et d'Espagne, et se distingua par de nombreuses actions d'éclat. Un décret du 3 mars 1810 lui décerna comme récompense due à sa bonne conduite militaire une dotation de cinq cents francs de rente, transmissible à ses descendants par ordre de primogéniture. Le 10 juillet 1836 il fut nommé chevalier de la Légion d'honneur.

La série des intéressantes notices publiées en 1846 dans l'*Abbevillois* par le docteur Prosper Ravin, se termine par deux courtes notes consacrées :

L'une au brave marin Nicolas-Maximin Delabarre, né en 1767 à Saint-Valery, et qui fut décoré de la Légion d'honneur après Wagram.

L'autre au patron de barque de Saint-Valery, Pierre Marchant qui, au temps du siège de Calais par les Anglais, ravitailla plusieurs fois la ville assiégée, fut pris et mis à mort, nouveau Ringois, pour avoir refusé de servir de pilote à nos ennemis. Saint-Valery a rendu hommage à Pierre Marchant en donnant son nom à l'une de ses rues.

CONCLUSION

Nous n'avons pas voulu remonter aux siècles précédents qui motiveraient une notice spéciale, biographique et historique, alors que de hardis picards réunissaient autour d'eux des marins pour aller à la découverte et des familles pour coloniser.

On sait qu'en 1402, le picard Jean IV de Béthencourt avait fondé le royaume français des *Canaries*.

Au siècle suivant, François de la Roque, de Roberval et Bienfay (près Moyenneville), celui que François Ier appelait « *Le petit roi du Vimeu* », fonde la colonie du Cap Breton au *Canada*.

En 1604, c'est Jean de Poutrincourt qui part de Lanchères pour aller créer un autre établissement canadien à Port-Royal et un centre qui est aujourd'hui *Québec*. Un grand nombre de familles picardes, immigrées au Canada, y ont fait souche, ont prospéré et continuent à pratiquer les usages et la langue de leur pays d'origine. Les habitants du Vimeu y retrouveraient les descendants de leurs cousins germains depuis 300 ans. Les picards n'ont ainsi rien à envier aux marins dieppois et rouennais.

De cet ensemble de portraits contemporains, de tableaux et récits, il résulte donc que notre Picardie fut, malgré le peu d'étendue de son littoral, une pépinière de marins. (Ault seul en avait six cents il y a un siècle.) Elle tient une plus grande place que beaucoup d'entre nous ne le supposaient dans les annales maritimes et coloniales de la France et dans les fastes de notre histoire locale et nationale. Les actes de ces marins ont pu rester presque ignorés parcequ'ils servaient sur des mers lointaines, en des colonies ou des régions, très éloignées du pays d'origine : Raison de plus pour rappeler à tous et aux jeunes générations que la Picardie a fourni à la France sept amiraux, sept capitaines de vaisseau, d'excellents officiers de la marine de guerre et de commerce.

Cette modeste publication, en signalant leur nom et leurs services, perpétuera le souvenir de ces illustrations picardes. Elle sera un hommage rendu à leur mémoire et une glorification de notre petite patrie et de la plus grande France.

TABLE DES NOMS CITÉS

OUVRAGES DE CH. LEMIRE

INDO-CHINE

L'Indo-Chine française (Cochinchine, Annam, Tonkin, Cambodge), avec
2 cartes, plans, illustrations d'après nature. 5ᵉ édition. A. Challamel, éditeur, 17, rue Jacob . . . . **6** fr.

La Cochinchine et le Cambodge, avec itinéraire de Paris en Indo-Chine
et 4 cartes. 7ᵉ édition. Même éditeur . . . . **4** fr.

Exposé des relations du Cambodge avec l'Annam, le Siam et la France.
Une carte. . . . . , ... **2** fr. **50**

Les Frontières de l'Annam-Tonkin avec le Siam et la Birmanie (épuisé).

Le Laos annamite (Régions d'Ailao et du Tran-Ninh), avec 3 cartes et
une phototypie. Germain et Grassin, éditeurs, Angers. Challamel,
Paris (épuisé).

Les Monuments anciens des Kiams, avec illustrations. « Tour du monde »,
Hachette, Paris.

Les Cinq Pays de l'Indo-Chine et le Siam, avec 4 cartes et 24 gravures.
1900 (épuisé).

Les Arts et les Cultes anciens et modernes en Indo-Chine, avec 10 photo-
typies et une carte. 1901. Challamel, éditeur. . . . . . . **1** fr.

*Les Mœurs des Indo-Chinois, d'après leurs cultes, leurs lois, leur littérature
et leur théâtre*, avec 3 cartes et 4 illustrations. Berger-Levrault
et Cⁱᵉ, Challamel, éditeurs, 1902 . . . . **2** fr.

La France et le Siam, avec 3 cartes et 15 gravures. 3ᵉ édition. 1903.
Challamel, éditeur . . . . **2** fr. **50**

OCÉANIE

La Colonisation française en Nouvelle-Calédonie et dépendances, avec
itinéraires de France à Nouméa. 6 cartes en couleurs, plans,
gravures, autographie, illustrations de Benett, publié par ordre
du ministère des colonies. Challamel, éditeur. . . . . **20** fr.

Voyage à pied en Nouvelle-Calédonie et description des *Nouvelles-Hébrides*,
avec 2 cartes et 14 illustrations d'après nature. 4ᵉ édition. Même
éditeur . . . . **6** fr.

Guide-Agenda de France en Australie, en Nouvelle-Calédonie par la voie
de Marseille, Suez et la Réunion, avec 2 cartes. Même éditeur **3** fr.

Guide-Agenda de France en Nouvelle-Calédonie et à Tahiti par la
voie des deux caps, avec 2 cartes. . . . . **3** fr.

L'Australasie comparée à la France, avec gravures. Bibliothèque
vulgarisation (épuisé).

L'Instruction publique en Australie. Challamel, éditeur 1

La France dans le Pacifique (Tahiti, Nouvelles-Hébrides), avec 3 car
et 20 photogravures. 1904. Berger-Levrault et Cie, 5, rue
Beaux-Arts, Paris (épuisé).

COLONISATION FRANÇAISE

Les Colonies et la Question sociale en France. Challamel, éditeur   **1 fr. 5**

Le Peuplement de nos Colonies et les concessions de terre. 4e éditi
avec portrait et documents annexes. 1900 . . . .   **1 fr. 5**

> (Ces ouvrages sont destinés aux conseils municipaux de France)

Les Militaires coloniaux libérables (épuisé).

La Défense nationale. La France et le réseau électrique sous-marin a
nos colonies et l'étranger, avec 5 cartes. 1900. Même éditeur (épuis

HISTOIRE

Excursions patriotiques (Alsace-Lorraine, Domremy, avec cartes, g
vures, phototypie (épuisé).

Jeanne d'Arc et le sentiment national. Fête générale. Leroux, éditeu
28, rue Bonaparte. 2e édition avec cartes, gravures et a
nexes . . . .   **3 fr. 5**

Le Barbe-Bleue de la légende et de l'histoire (Le Maréchal de Rais
le Connétable de Richemond), avec illustrations d'après natu
et itinéraires. Même éditeur **3**

L'Épisode de Barbe-Bleue (Gilles de Rais) au théâtre. 2e édition. G
main et Grassin, éditeurs, Angers. Tresse et Stock, éditeurs, Par

Excursions autour de Tréport-Eu-Mers, avec 2 cartes et 14 gravure
Librairie Leroy, 8, place Carnot, Eu . . . .   **1 fr. 2**

Jeanne d'Arc en Picardie et en Normandie, le connétable de Richemon
Paris et à Formigny, album commémoratif de la Délivrance, av
3 cartes et 18 gravures. 1903 . . . .   **2 fr. 5**

Les Marins Picards contemporains (amiraux Bonard, Lejeune, Courb
et Courrejolles), avec quatre portraits hors texte. Challam
éditeur. 1908 . . . .   **1 fr. 5**

Jules Verne, sa vie et son œuvre, avec 20 portraits et gravures. Berg
Levrault, éditeur, 5, rue des Beaux-Arts, Paris. 1908 .   **2 fr. 5**

> Ces ouvrages ont été couronnés par l'Institut, par les Sociétés
> géographie et des Gens de lettres ; ils sont adoptés par le conseil
> l'instruction publique, les ministères, les colonies, les chambres
> commerce, la ville de Paris, la Société Franklin, les bibliothèqu
> scolaires, populaires et de garnisons, les lycées et collèges.

Des réductions de tarif sont accordées aux établissements publ